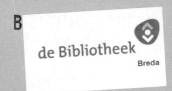

Vreemde zaken

Ben je ook zo bang?

Anneke Scholtens
Tekeningen van Els van Egeraat

de Bibliotheek
Breda

z Zwijsen

Ben je ook zo bang?

Wat een grote groep daar voor de kassa!
Willen die mensen allemaal naar de dierentuin?
Ze lijken wel een stel kangoeroes.
Moet je hun rugzakken zien!
Die zitten op hun buik!
Buikzakken dus ...
En wat zien ze er allemaal bang uit!
Worden ze achtervolgd, of zo?
Denken ze dat de tijgers loslopen?
Wat zou er met hen aan de hand zijn?
Waarvoor zijn ze bang?

Lees dit verhaal en je weet het!

Een dief in de buurt

Floor telt de tegels van de stoep.
Ze tekent een lange baan.
Met een blauw krijtje.
Het moet een mooie baan worden.
Dan doet Kas vast wel mee.
Met hinkelen.
'Kijk,' zegt ze telkens.
'Het is niet moeilijk.'
Maar Kas wil niet.
'Op één been val ik om,' zegt hij.
Floor snapt het niet.
Hinkelen is zo simpel.
'Daar komt papa aan!' roept Kas.
Hij wijst.
Papa heeft twee tassen aan het stuur.
'Heb je chips?' roept Kas.
Maar papa hoort niks.
Hij denkt over iets na.
Kas holt naar hem toe.
Papa zet zijn fiets tegen het huis.
Hij sjort de tassen van het stuur.
'Ik zag een geel zakje!' roept Kas.
'Toch geen paprika?' vraagt Floor.
Kas en Floor willen mee naar binnen.
'Straks jongens,' zegt papa.

'Ik moet even met mama praten.'

'Een verrassing?' vraagt Floor.

'Nou eh ...'

'Ja dus,' roept Kas.

'Ik roep jullie wel,' zegt papa.

'Niet vergeten hoor!'

'Nee-ee.'

Floor kijkt naar haar hinkelbaan.

Hij is bijna af.

Alleen nog de 13.

Dan begint ze.

Ze gooit haar krijtje in vakje 1.

Dat is een makkie.

Dan in de 2.

Hup, twee sprongen en klaar!

'Hé, kom eens,' roept Kas.

Floor kijkt om.

Kas staat bij het raam.

Dat raam is een beetje open.

Hij wenkt met zijn arm.

Kan hij papa horen praten?

Floor rent naar Kas toe.

'Ssst,' doet Kas.

'Er is iets.

Papa zegt dat er een dief is.

Hij is in onze buurt.'

Floor slikt.
Dat is geen leuke verrassing.
Dat is eng!
'Een dief?' fluistert ze.
'Ja, hij pakt dingen van kinderen af.
Papa heeft het gehoord bij de P800.'
De P800?
De supermarkt?
Bang kijkt Floor achterom.
Staat de dief al bij haar hinkelbaan?
Is haar emmer met krijtjes al weg?
'Luister maar,' zegt Kas.
Floor duwt ook een oor tegen het raam.

'Het is echt waar,' zegt papa.
'Hij pakt tassen af.
Zelfs schooltassen!'
'Alleen van kinderen?' vraagt mama.
'Nee, ook van oude mensen.
Maar váák van kinderen.'
Floor heeft geen zin meer in hinkelen.
Even later horen ze papa's stem.
'Kom maar binnen, jongens.'
Hij probeert heel vrolijk te doen.
Alsof er niks aan de hand is.
Bah!
Floor heeft ook geen zin meer in chips.
Ze wil op schoot.
Heel lang!

Nog meer inbraken?

De volgende dag is Floor vroeg wakker.

Ze loopt naar het raam.

De straat is nog stil.

Een buurvrouw stapt in haar auto.

Verder is er niemand.

Ook geen dief.

Als zij hem nou eens zag?

Daar aan de overkant?

Dan kon mama gauw de politie bellen.

Dan werd hij gepakt.

En dan was alles weer gewoon.

Floor kleedt zich aan.

Ze loopt naar beneden.

Hé, mama is ook al op.

Ze leest de krant.

'Staat er iets in?' vraagt Floor.

'M-m,' zegt mama.

Ze leest door.

'Iets over de dief?' vraagt Floor.

'De dief?!'

Mama laat haar krant zakken.

'Wat weet jij daarvan?'

'We hebben jullie gehoord,' zegt Floor.

Ze kruipt bij mama op schoot.

'Het is niks,' zegt mama.

'Er is maar één keer iets gebeurd.'
'Echt?' vraagt Floor.
'Echt!'

Die middag praat mama met Anna.
Anna is de buurvrouw.
Ze staan voor het huis.
Floor doet net alsof ze hinkelt.
Maar ze hoort alles.
'Er zijn vijf mensen beroofd,' zegt Anna.
'Gewoon overdag.
Ze liepen op de stoep en hopla!'
Floor houdt haar adem in.
'Niet te geloven,' zegt mama.
'Ik zag een kaartje op het prikbord.
In de P800.
Iemand zocht een bewaker.
Weet je wat er gebeurd was?'
Nu praat mama heel zacht.
Floor kan het net niet horen.
Of heeft ze al genoeg gehoord?
Haar hart bonst.
'Hoe vind je dat?' roept mama.
'Hij gaat zelfs huizen in.'
Anna kijkt om zich heen.
Denkt ze dat de dief in de buurt is?
Hé, daar komt papa aan.

Hij heeft Kas achterop.
'Het is weer mis!' roept hij.
'Nog een inbraak!
Nu op de Ringdijk.
Die man is niet alleen!
Zo veel inbraken.
Dat kan toch niet?'
Kas loopt naar Floor.
'Mag ik meedoen?' vraagt hij.
'M-met hinkelen?'
Eerst is Floor verbaasd.
Maar dan snapt ze het opeens.
'Jij wilt alles horen zeker?'
Kas knikt.
Hij kijkt bang.
Vlug gooit hij met het krijtje.
Hij doet alsof hij hinkelt.
Maar telkens staat hij stil.
Dan luistert hij naar de grote mensen.
Hij wil geen woord missen.

Niet meer naar school

Floor wordt wakker van harde stemmen.
Hebben papa en mama ruzie?
Floor sluipt naar het trapgat.
'Het kan niet langer zo.
Het is te gevaarlijk.
De kinderen mogen niet naar school.'
Hè?
Floor loopt vlug naar Kas.
'Kas, we mogen niet naar school!'
Kas komt langzaam overeind.
Hij wrijft in zijn ogen.
'Wat is er?'
'We mogen niet naar school,' zegt Floor.
'Het is te gevaarlijk.'
'Echt?' roept Kas.
Hij zit meteen rechtop.
'Is er weer iets gebeurd?'
Floor weet het niet.
Ze kruipt bij Kas in bed.
'Ze pakken hem wel,' zegt Kas.
Maar zijn stem trilt.
En Floor voelt zijn hart slaan.
Beng! Beng! Beng!

Even later gaat mama naar de winkel.

'Ik ben zo terug,' zegt ze.

Ze kijkt een beetje bang.

'Wat heb jij nou?' roept Kas.

'Je tas zit verkeerd.'

Dat klopt.

Mam heeft haar rugzak voor haar buik.

Kas lacht.

'Je lijkt wel een kangoeroe!'

'Lach jij maar,' zegt mama.

'Alle mensen in de straat doen het.

Het is heel handig.

Zo kan die dief niet bij je geld.'

'Maar het staat wel gek,' zegt Floor.

'Dat moet dan maar,' moppert mama.

'Ik neem ook een paraplu mee.'

'Waarom?' vraagt Floor.

'Het regent toch niet?'

'Dat is mijn slagwapen,' zegt mam.

Kas en Floor kijken haar na.

Het is echt een gek gezicht.

Die middag is er een vergadering.

In het huis van Anna.

Pap en mam gaan ook.

'Niet naar buiten, jongens,' zegt mam nog.

'Niet opendoen als de bel gaat,' zegt pap.

'Weten jullie het nummer van mijn mobiel?'

Kas zucht.

'Pap, jullie zijn hiernaast!'

'Maar je mag niet over straat!!'

Pap en mam roepen het in koor.

Als ze weg zijn, zucht Kas nog dieper.

'Het is wel gek,' zegt Floor.

'Eerst is er niks aan de hand.

En nu wordt er elke dag iets gepikt.'

'Drie keer per dag,' zegt Kas.

'En altijd maar die P800,' zegt Floor.

'Daar horen ze alles.'

Kas kijkt zijn zusje aan.

'Je hebt gelijk,' zegt hij.

'Het is heel raar.

Alles staat op dat bord.'

'Welk bord?' vraagt Floor.

'Het prikbord van de P800.'

Even kijken ze stil voor zich uit.

'Zullen we eens ...' zeggen ze tegelijk.

'Gaan kijken?' vraagt Kas.

'Dan worden pap en mam boos,' zegt Floor.

'Niet als we snel zijn,' zegt Kas.

'Dan merken ze het niet.'

Door de keuken sluipen ze naar buiten.

Zo kan niemand hen zien.

Ze hollen naar de P800.

Bij de ingang blijft Floor staan.

Ze trekt Kas aan zijn trui.

'Kijk eens naar die vent.

Die hangt wel zeven briefjes op.

Dat is gek.

Ken jij hem?'

'Nee, nooit gezien.'

Kas en Floor wachten tot de man weg is.

'Kijk, die heeft hij opgeprikt,' zegt Floor.

'En die en die.

Telkens in een andere kleur.

En met andere letters.'

Samen staan ze te lezen:

Wie heeft mijn leren tasje gezien?

Het is vandaag gestolen uit mijn auto.

De kleur is rood.

Er zit veel geld in!

Graag afgeven bij de kassa.

'En moet je daar eens lezen,' roept Kas.

Gezocht een waakhond.

Ik ben nu drie keer op straat beroofd.

Zo is het wel genoeg!

Ik durf de deur niet meer uit!

Graag bellen naar nummer ...

Floor en Kas lezen nog een kaartje.

Over een diefstal uit een tuin.

Hierbij heeft de dief zelfs geschopt.

'Snap jij het?' vraagt Kas.

Floor schudt haar hoofd.

'Niet echt,' zegt ze.

'Die man maakt alle mensen bang.

Maar is er wel een echte dief?'

'Of verzint hij alles zelf?' roept Kas.

'Maar waarom dan?

Wat heeft hij daaraan?'

Floor neemt één kaartje mee.

Of nee, twee.

Je weet nooit waar het goed voor is.

Met zijn vieren in bed

Net op tijd zijn Kas en Floor thuis.
Vlak voor papa en mama.
Oei, wat kijken die bang.
Mama omhelst Floor.
Pap omhelst Kas.
'Is er niet aangebeld?' vraagt pap.
'Nee-ee,' zegt Kas.
'Ook geen insluiper geweest?' vraagt mam.
'Nee-ee,' zegt Floor.
'Maar mam,' begint Kas.
'Er is geen dief,' zegt Floor.
'Er is een gekke man.
Die verzint alles.'
'We hebben hem gezien,' zegt Kas.
Mam kijkt verschrikt.
'Hoor je dat?' vraagt ze.
'De kinderen zijn gek van angst.'
Pap knikt.
'Ze zijn in de war.
Ze praten onzin.
Zal ik de dokter bellen?'
'Nee!' roept Kas.
Pap trekt Kas op schoot.
En mam drukt Floor bijna plat.
Kas en Floor kijken elkaar aan.

Ze durven niks meer te zeggen.
Als pap en mam het wisten ...
Dat zij in de P800 waren.
Oe, wat zouden ze boos worden.
'We gaan nooit meer samen weg,' zegt mam.
'Er moet iemand bij de kinderen zijn.'
Pap knikt.
'Ik neem vrije dagen op.'
'Ik ook,' zegt mam.

Even later gaat de telefoon.

Met een bang gezicht neemt mama op.

'Echt?' vraagt ze.

'Een klap op het hoofd?

Wat erg!

Een radio gepikt?

Geschopt en geslagen?

Wat wonen we toch in een enge buurt!'

Zuchtend hangt mam op.

Meteen vertelt ze alles aan pap.

Alle verhalen die Kas en Floor al kennen.

Alles wat op de kaartjes stond.

Behalve van dat leren tasje.

En van die waakhond.

Die kaartjes heeft Floor.

Floor kijkt naar Kas.

Nee, ze zeggen niks.

Pap en mam zouden zo kwaad zijn!

Om half acht ligt Floor in bed.

Mama rukt en trekt aan het raam.

'Dat zit goed dicht,' zegt ze.

'Ik laat je kamerdeur open.

Als je roept, kom ik meteen.'

'Waarom?' vraagt Floor.

Ze roept bijna nooit in de nacht.

'Het zou toch kunnen?' vraagt mam.

Weer voelt ze aan het raam.

'Weet je wat?

Ga maar in ons bed.

Ik zal het ook tegen Kas zeggen.

We passen er wel met ons vieren in.

Dat is pas echt veilig.'

Maar dat wil Floor niet.

Papa snurkt altijd.

Mama praat als ze slaapt.

En Kas draait zich heel vaak om.

Kas wil het ook niet.

'Veel te krap,' zegt hij.

'Dan ga ik op de grond,' zegt mam.

'Of anders ik wel,' zegt pap.

Hij is net Floors kamer in gestapt.

Pap en mam kijken echt bang.

'Het gaat wel goed zo,' zegt Floor.

'Het raam is dicht, de deur is dicht.'

Pap en mam zuchten.

'Vooruit dan maar,' zegt mam.

'Maar als er íets gebeurt ...' begint pap.

'Dan doen we het morgen anders,' zegt mam.

Floor zucht.

Kon ze maar iets vertellen.

Over die man en zijn kaartjes.

Maar mam gelooft haar toch niet.

En pap ook niet.

Terug in de buik

De volgende morgen is mam al vroeg op.
Sip zit ze aan tafel.
Papa kijkt ook niet blij.
Ha, daar is de postbode!
Misschien is er een leuke kaart.
Of een dikke brief.
Floor holt naar de voordeur.
Er ligt van alles op de mat.
Ook een groene brief met bloemen erop.
Dat ziet er goed uit.
'Hier, mam,' zegt ze.
Mam scheurt de envelop open.
Ze leest.
'Echt iets voor ons!' roept ze uit.
Papa pakt de brief van haar aan.
'Wat een toeval,' zegt hij.
'Wat staat erin, mam?' vraagt Floor.
'Er is een cursus,' zegt mam.
'Daar leer je om minder bang te zijn.
Het begint al over vier dagen.
Alleen ...'
'Wat is er?' vraagt Floor.
'De cursus is wel heel duur.
We kunnen niet op vakantie dit jaar.'
'En het jaar daarna ook niet,' zegt pap.

'Luister nou eens,' zegt Floor.

Ze wil het nog een keer proberen.

'Jullie moeten niet bang zijn.

Er ís geen dief.

Er is een man in de P800.

Kas en ik zagen hem.

En die doet alles.

Die …'

Mam loopt naar Floor toe.

Ze voelt aan haar voorhoofd.

'Koorts,' zegt ze tegen pap.

'Nu droomt ze al van die dief.

Hoorde je dat?'

Pap kijkt ook bezorgd.

'Rustig maar,' zegt hij tegen Floor.

Op de avond van de cursus durft pap niet.

'Die oppas,' begint hij.

'Ik vertrouw hem niet echt.'

'Hans?!' roepen Kas en Floor.

Hans komt al jaren bij hen.

Het is de beste oppas die er is.

Alles mag!

'We bellen af en toe op,' zegt Floor.

'Ja, elk uur,' zegt Kas.

'Elk halfuur!' zegt mam.

'Elk kwartier!' zegt pap.

Hij zucht.

'Oké, dan moet het maar.'

Om acht uur gaan pap en mam weg.

Kas en Floor zwaaien hen uit.

'Weg bij die deur!' gilt pap.

Beng!

Floor slaat de voordeur dicht.

Ze zucht.

Ze heeft al drie keer iets gezegd.

Over de man en zijn kaartjes.

En Kas ook.

Maar het helpt niet.

Pap en mam denken dat zij ziek zijn.

Ziek van angst.

Zou alles vanzelf goed komen?

Aan het ontbijt vertelt mam hoe het was.

En pap vult aan.

'Ik heb zo veel geleerd,' zegt ze.

'De meneer van de cursus legt alles uit.'

'Wat dan?'

'Dat we allemaal een beetje ziek zijn.

We zijn veel te gauw bang.

Die meneer wist hoe dat komt.'

'Hoe dan?' vragen Kas en Floor.

'We zijn te vroeg bij onze moeder weggehaald.

Dan voel je je altijd bang.

Dan wil je terug in de buik, snap je?'

'N-niet precies,' zegt Floor.

'Nou kijk,' zegt pap.

Er volgt een lang verhaal.

Floor snapt het nog steeds niet.

'Dus: terug in de buik,' zegt mam.

'Wie?' vraagt Kas bezorgd.

'Wij allemaal,' zegt pap.

'In welke buik?' vraagt Floor.

Ze kijkt van pap naar mam.

'Wij doen draagdoeken om,' zegt pap.

Hij trekt een heel blij gezicht.

Alsof hij een verrassing heeft.

'Net als vroeger in jullie baby-tijd.

Jullie mogen in een draagdoek.

Lekker dicht tegen mijn buik.

En tegen de buik van mam.'

'Dat wil ik niet,' zegt Kas.

'Ik ga niet voor gek lopen.

Of eh ... voor gek hangen.

Echt niet.

Ik heb zelf benen.'

'Maar dan voel je je nooit meer bang!'

'Ik ben niet bang!' roept Kas boos.

'Gaan jullie zelf maar in een draagdoek!'

'O graag,' zucht mam.

'Als mijn drager maar sterk is.'

Verliefd kijkt ze naar pap.
Floor en Kas springen op.
'Ik ben klaar,' zegt Floor.
'Ik ook,' zegt Kas.
Ze glippen de kamer uit.
Vlug naar hun eigen kamer.
Met de deur op slot.
Voordat pap en mam hen pakken.
Voordat ze in zo'n enge doek moeten.
Brrr!
Je zou er bang van worden!

Die middag heeft mam nog meer nieuws.
Nieuws van de cursus.
'We gaan op stap,' zegt ze.
'Met alle bange mensen.
En hun bange kinderen.'
'Ik ben niet bang!' zegt Kas.
'Jawel, jij ook,' zegt mam.
'Jij weet nog niet hoe bang je bent.
Dat heeft Job ons uitgelegd.'
'Wie is dat?' vraagt Kas kwaad.
'De leider van de cursus,' zegt mam.
'Zo'n leuke man is dat.
Hij praat heel zacht.
En hij snapt alles.'
'Moeten we met hem op stap?' vraagt Floor.

'We mogen,' zegt mam met een zoet lachje.

'We mogen met hem naar Bombarie.'

'De dierentuin?' vraagt Kas.

'Ja,' zegt mam.

'We gaan naar enge dieren kijken.

We beginnen klein en dan steeds groter.

Tot we alles durven.'

'Ik wil meteen een krokodil,' zegt Kas.

'Er zijn ook kangoeroes,' zegt mam.

'Daar moeten we lang naar kijken, zegt Job.

Dan raken we vanzelf van onze angst af.

Jammer, dat het zo duur is.'

'Hoe duur?' vraagt Floor.

'De prijs van Bombarie valt wel mee.

Maar Job is duur.'

'Laat hem dan thuis,' zegt Kas.

Mam zucht.

'Nee, daar gaat het juist om.

Om wat Job erbij vertelt.

Daar worden we beter van.'

Naar Bombarie

Eindelijk gaan ze naar Bombarie.
Het is mooi weer.
'Echt weer voor kangoeroes,' zegt pap.
Hij heeft een grote doek in zijn rugzak.
Nou ja, rugzak?
Hij draagt de zak op zijn buik.
Net als alle andere mensen uit de straat.
Allemaal zijn ze bang voor diefstal.
Nee, je tas moet je kunnen zien.
'We lopen voor gek met hen,' zegt Kas.
'Zie je dat meisje daar?'
Voor de kassa staat een meisje.
Met grote ogen kijkt ze naar hun clubje.
Naar al die buikzakken.
Ze stoot de jongen naast haar aan.
Ze zegt iets.
En dan lachen die twee samen.
'Laat ze toch,' fluistert Floor.
'Zolang wij niet in een draagdoek hoeven.'
'Kom op, dan gaan we vooruit,' zegt Kas.
Ze sluipen langs de rij mensen.
Opeens blijft Floor stokstijf staan.
'Zie je die man?' vraagt ze.
'Welke?'
'Die daar, met dat leren jasje!'

'Hé, is dat niet die vent die ...'
'Ja, dat is die man uit de P800!
Die prikte al die kaartjes op.'
Floor en Kas staren de man aan.

Hij loopt op de rij bange buren af.

Hij spreekt hen toe!

Heel zacht.

Heel langzaam.

'U hoeft niet bang te zijn.

Ik blijf al die tijd bij u.

Wil iemand mij een hand geven?

Dat mag.'

Nee hè.

Pap doet een stap naar voren.

'Ik wil dat wel, Job,' zegt hij.

Heel zacht.

Heel langzaam.

'Job!' zegt Kas.

'Is dát Job?' vraagt Floor.

Ze kijken elkaar aan.

'Hoe kan dat nou?' zegt Kas.

'Hij hangt zelf enge kaartjes op!'

Floor trekt Kas aan zijn mouw.

Ze neemt hem mee naar een stil plekje.

'Ik snap het,' zegt ze.

'Eerst maakt hij mensen bang.

En dan geeft hij die cursus.

Daar gaat iedereen dan heen.

Kan hij lekker rijk worden.'

Verbaasd gaapt Kas zijn zusje aan.

'Je hebt gelijk,' zegt hij.

'Zo zit het vast!
We moeten het aan pap en mam zeggen!'
Maar de groep is al verdwenen.
'Kom mee, naar de kangoeroes!' roept Kas.
Dat is slim.
Daar zitten ze natuurlijk!

Bijna holt Kas een man omver.
Een man in een blauwe werkbroek.
Hij hoort vast bij de dierentuin.
'O sorry, meneer,' hijgt Kas.
De man haalt diep adem en ...
Hij begint te zingen!
Met een gekke, hoge stem.
'Dag meneer de Koekepeer!'
'Meneer?' vraagt Floor.
'Het is toch heerlijk weer!' zingt de man.
'Die is niet goed snik,' fluistert Kas.
'Kom mee.'
Bij de kangoeroes is het druk.
Pap en mam zitten vooraan, naast Anna.
Op klapstoelen.
Achter hen op de bank zitten de overburen.
Allemaal zijn ze muisstil.
Ademloos kijken ze naar de kangoeroes.
Alsof ze die beesten voor het eerst zien.
'Wat een gek clubje, zeg!' fluistert iemand.

'Nooit geweten dat zoiets bestond.'
Kas kijkt achterom.
Daar is dat meisje weer.
Die pestkop, met die jongen.
Gelukkig lopen ze gauw door.

Gepakt!

Job begint aan een verhaal.
Over buidels en warmte.
Hij praat zacht en langzaam.
Opeens springt Floor naar voren.
Job kijkt verbaasd op.
Hij was midden in een zin.
'Bent u soms wat kwijt?' vraagt Floor.
Ze kijkt boos.
Dan haalt ze een kaartje uit haar jas.
Ze leest het voor:
'Wie heeft mijn leren tasje gezien?
Het is vandaag gestolen uit mijn auto.
De kleur is rood.
Er zit veel geld in!
Graag afgeven bij de kassa.'
Ze pakt er nog één.
'Of deze misschien?' vraagt ze.
'Gezocht een waakhond.
Ik ben nu drie keer op straat beroofd.
Zo is het wel genoeg!
Ik durf de deur niet meer uit!
Graag bellen naar nummer ...'
'Gek zeg,' roept Floor.
'U bent wel heel vaak beroofd.'
'M-maar die zijn niet van mij,' zegt Job.

'Waarom hing u ze dan op?' vraagt Kas.

'We hebben het zelf gezien bij de P800.'

Pap schiet overeind.

'Wanneer?' gilt hij.

'Zijn jullie het huis uit geweest?'

Maar mam duwt hem terug op zijn klapstoel.

'Luister nou,' zegt zij.

'Dit wil ik horen.'

En zij is niet de enige.

Ook de andere bange mensen zijn benieuwd.

Anna staart Job verbaasd aan.

'Heb jíj al die kaartjes opgeprikt?'

'Ik?' vraagt Job.

Hij krijgt een kleur als vuur.

Hij probeert te lachen.

'H-het was een grapje,' zegt hij.

'Echt,' zegt hij.

'Ik bedoelde er niks mee.'

Nu staan de bange mensen op.

Als één man komen ze omhoog.

Hun klapstoelen vallen om.

'Bedrieger!' gilt mam.

Ze tilt haar paraplu op.

'Wat heb je met ons geld gedaan?'

'Niet slaan!' roept Job.

'Jullie krijgen alles terug!

Morgen.'

'Vandaag!' gillen de bange mensen.

'We gaan naar de politie.'

'Niet doen!' zegt Job.

'Alles komt goed.'

Langzaam doet hij een stap naar achteren.

Dan draait hij zich om.

Hij rent naar de uitgang.

Boos kijkt pap hem na.

'Met hém heb ik hand in hand gelopen.'

'En ik dan,' zegt Anna.

'Ik zat bijna bij hem op schoot!'

'Ik ook,' zegt mam.

'Ik duwde je er haast af.'

Ze schiet in de lach.

En dan moeten alle bange mensen lachen.

Ze proesten.

Ze gieren het uit.

'Terug naar de buik', hikt er één.

'Doe mij ook zo'n draagdoek!'

'Toch zijn die doeken handig,' zegt mam.

Verschrikt kijken Kas en Floor haar aan.

Nee toch?

'Om op te picknicken!'

Mam spreidt haar doek uit op het gras.

Het grasveld naast de kangoeroes.

'Wil iemand een broodje?'

In de serie Vreemde zaken zijn verschenen:

De liedjesman

Dirk Nielandt

Zwijsen

Een tweeling?

Martine Letterie

Zwijsen

NEDERLANDSE
KINDERJURY
2005

Toegekend door KPC Groep te 's-Hertogenbosch

1e druk 2004

ISBN 90.276.7742.5
NUR 282

©2004 Tekst: Anneke Scholtens
Illustraties: Els van Egeraat
Vormgeving: Rob Galema
Uitgeverij Zwijsen B.V., Tilburg

Voor België:
Zwijsen-Infoboek, Meerhout
D/2004/1919/277